Impressum
Verlag: BABADADA GmbH, Nedderfeld 112 , 22529 Hamburg
Geschäftsführer / Verlagsleitung: Harald Hof
Druck: Books on Demand GmbH, In de Tarpen 42, 22848 Norderstedt

Imprint
Publisher: BABADADA GmbH, Nedderfeld 112 , 22529 Hamburg, Germany
Managing Director / Publishing direction: Harald Hof
Print: Books on Demand GmbH, In de Tarpen 42, 22848 Norderstedt

sekoly
school

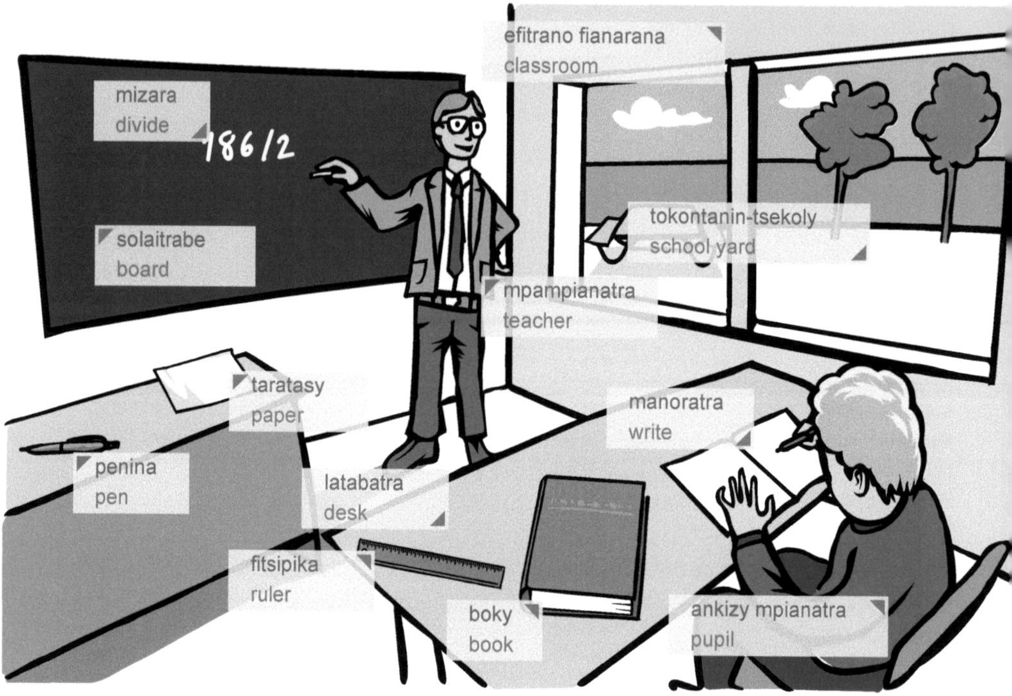
efitrano fianarana
classroom
mizara
divide
186/2
solaitrabe
board
tokontanin-tsekoly
school yard
mpampianatra
teacher
taratasy
paper
manoratra
write
penina
pen
latabatra
desk
fitsipika
ruler
boky
book
ankizy mpianatra
pupil

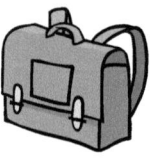

kitapo

satchel

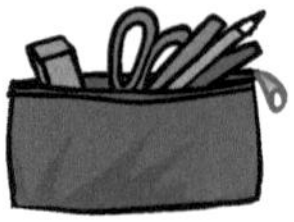

torosy

pencil case

pensilihazo

pencil

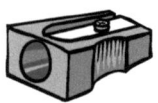

fandrangitana pensilihazo

pencil sharpener

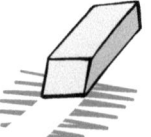

gaoma

rubber

karne fanaovana sary

drawing pad

sary
drawing

borosy fandokoana
paintbrush

boaty loko
paint box

hety
scissors

lakaoly
glue

kahie fampiasàna
exercise book

enti-mody
homework

tarehi-marika
number

manampy
add

manala
subtract

mampitombo
multiply

mikajy
calculate

taratasy
letter

abidia
alphabet

teny
word

lahatsoratra

text

mamaky

read

tsaoka

chalk

lesona

lesson

boky fianarana

register

fanadinana

exam

sertifikà

certificate

fanamian'ny mpianatra

school uniform

fiofanana

education

raki-pahalalana

encyclopedia

oniversite

university

mikraoskaopy

microscope

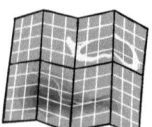

sarintany

map

fanariana fako taratasy

waste-paper basket

fitsangatsanganana

travel

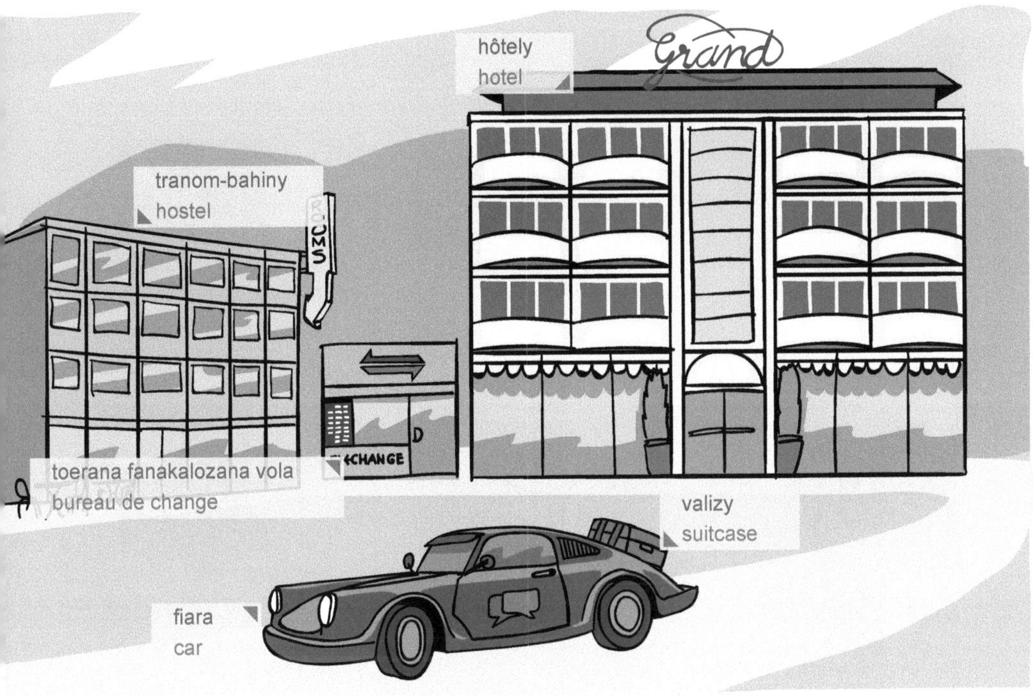

Grand
hôtely
hotel
tranom-bahiny
hostel
ROOMS
toerana fanakalozana vola
bureau de change
EXCHANGE
valizy
suitcase
fiara
car

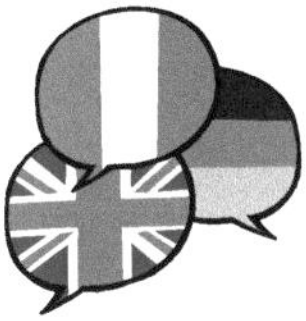

fiteny
language

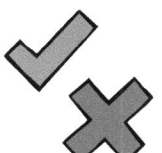

eny / tsia
yes / no

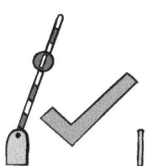

Eny àry
Okay

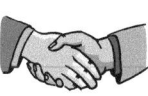

salama
hello

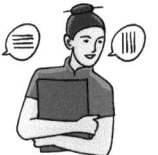

mpandika teny
translator

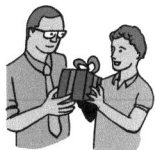

Misaotra
Thank you

ohatrinona...?

how much is...?

Tsy azoko izany

I do not understand

olana

problem

Salama ô!

Good evening!

Arahaba tra-maraina e!

Good morning!

Tsara mandry ô!

Good night!

veloma

bye bye

fitantanana

direction

entan'ny mpandeha

luggage

harona

bag

kitapo

backpack

vahiny

guest

efitrano

room

fandriana enti-tànana

sleeping bag

tanty

tent

birao miandraikitra ny fizahantany

tourist information

moron-tsiraka

beach

fahana amin'ny karatra

credit card

sakafo maraina

breakfast

sakafo atoandro

lunch

sakafo hariva

dinner

tapakila

ticket

ascenseur

lift

hajia

stamp

tany manasaraka

border

fadin-tseranana

customs

ambasady

embassy

visa

visa

pasipaoro

passport

fiara-manidina
aeroplane

sambo
ship

fiaran'ny mpamonjy voina
fire engine

fiara fitateram
bus

kamiao
truck

na aingam-pandeha
rboat

fiara fitateram
bus

fiara
car

bisikileta
bike

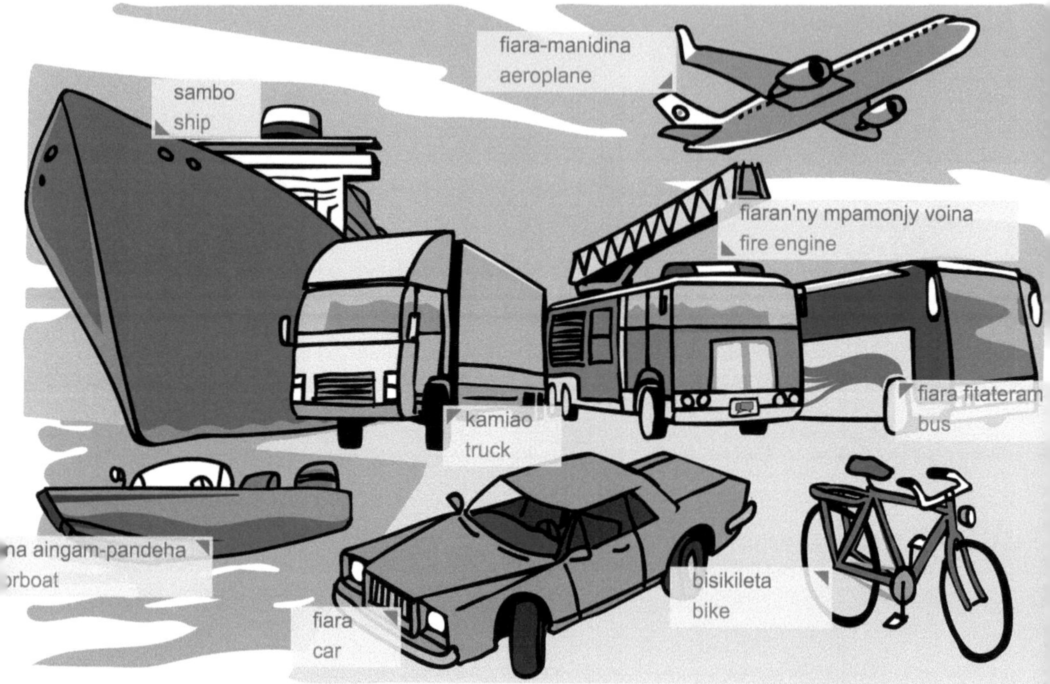

sambobe

ferry

sambo

boat

môtô

motorbike

fiaran'ny polisy

police car

fiara mpihazakazaka

racing car

fiara fanofa

rental car

zara fiara

car sharing

fiara etsy babeko

breakdown truck

fiara mpitatitra fako

refuse truck

môtera

motor

solika

fuel

tobin-tsolika

petrol station

tondro fifamoivoizana

traffic sign

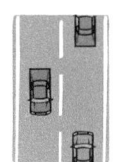

fifamoivoizana

traffic

fitohanan'ny fifamoivoizana

traffic jam

fitobian'ny fiara

car park

fiantsonan'ny fiaran-
dalamby

train station

lalamby

tracks

fiaran-dalamby

train

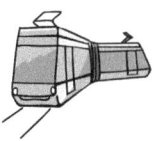

tramway

tram

kalesy

carriage

angidimby

helicopter

seranam-piaramanidina

airport

tilikambo

tower

mpandeha

passenger

kaontenera

container

baoritra

carton

chariot

cart

harona

basket

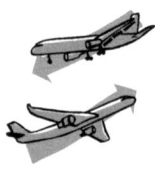

miainga / midina

take off / land

renivohitra

city

ambanivohitra

village

afovoan-tanàna

city centre

trano

house

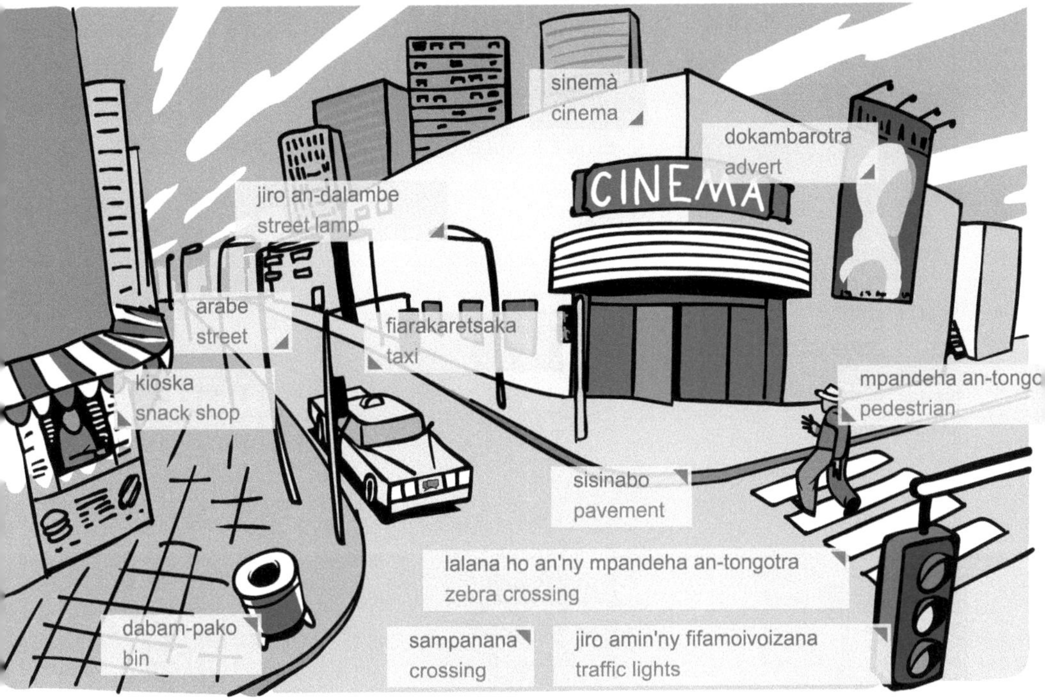

sinemà
cinema

dokambarotra
advert

jiro an-dalambe
street lamp

CINEMA

arabe
street

fiarakaretsaka
taxi

kioska
snack shop

mpandeha an-tongo
pedestrian

sisinabo
pavement

lalana ho an'ny mpandeha an-tongotra
zebra crossing

dabam-pako
bin

sampanana
crossing

jiro amin'ny fifamoivoizana
traffic lights

trano bongo

hut

tranobe

flat

fiantsonan'ny fiaran-
dalamby

train station

firaisana

town hall

donia

museum

sekoly

school

oniversite

university

banky

bank

hopitaly

hospital

hôtely

hotel

farmasia

pharmacy

birao

office

fivarotam-boky

book shop

fivarotana

shop

mpivarotra voninkazo

florist's

supermarché

supermarket

tsena

market

tranobe fivarotana

department store

mpivarotra trondro

fishmonger's

toeram-pivarotana lehibe

shopping centre

seranana

harbour

valan-javaboary

park

latabatra

bench

tetezana

bridge

totohatra

stairs

metrô

underground

tonelina

tunnel

fiantsonan'ny fiara
mpitondra olona

bus stop

bara

bar

toeram-pisakafoanana

restaurant

boatin-taratasy paositra

postbox

famantarana an-arabe

street sign

parcmètre

parking meter

valan-javaboary

zoo

dobo filomanosana

swimming pool

moskea

mosque

toeram-pambolena
farm

loto
pollution

fasana
graveyard

trano fiangonana
church

tokontany filalaovana
playground

tempoly
temple

endritany

landscape

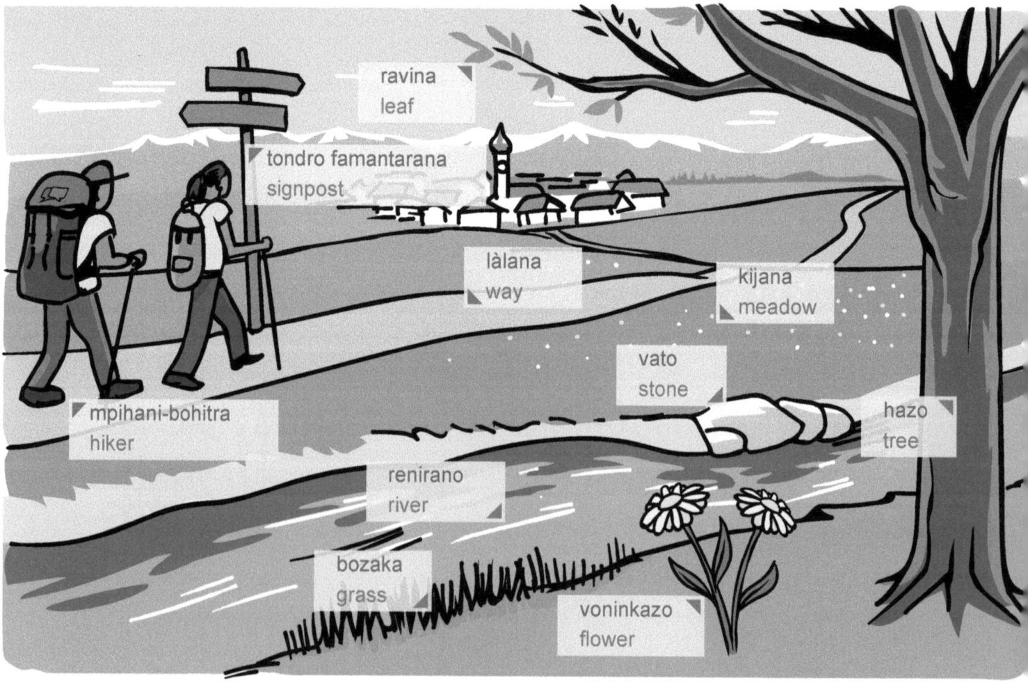

ravina
leaf

tondro famantarana
signpost

làlana
way

kijana
meadow

vato
stone

mpihani-bohitra
hiker

hazo
tree

renirano
river

bozaka
grass

voninkazo
flower

lemaka

valley

vohitra

hill

laka

lake

ala

forest

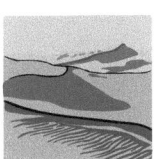

tany hay

desert

volkano

volcano

rova

castle

avana

rainbow

holatra

mushroom

hazom-boanio

palm tree

moka

mosquito

lalitra

fly

vitsika

ant

tantely

bee

hala

spider

voangory

beetle

sahona

frog

vontsira

squirrel

trandraka

hedgehog

bitro

hare

vorondolo

owl

vorona

bird

gisabe

swan

lambo

boar

cerf

deer

voalavo

moose

toha-drano

dam

helisy ahodin-drivotra

wind turbine

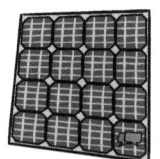

takela-masoandro

solar panel

toetr'andro

climate

toeram-pisakafoanana

restaurant

mpandroso sakafo
waiter
menu
menu
seza
chair
lasopy
soup
pizza
pizza
fitaovam-pihinanana
cutlery
lamban-databatra
tablecloth

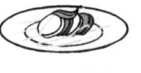

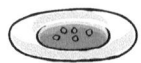

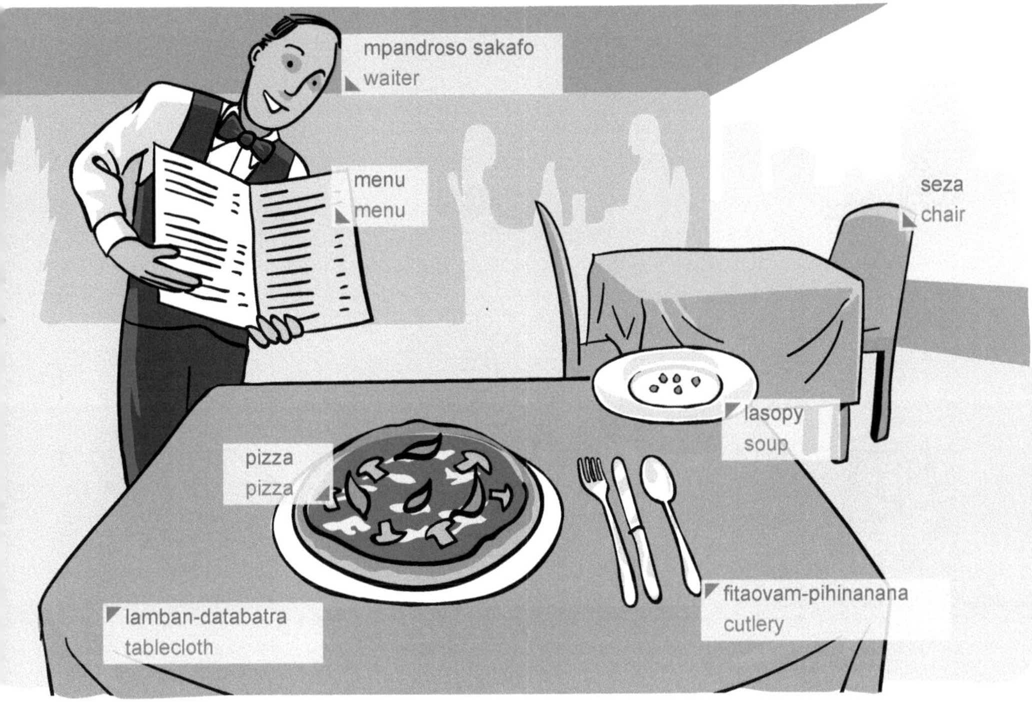

entrée

starter

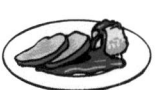

sakafo fototra

main course

desera

dessert

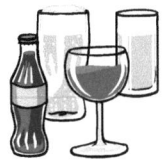

zava-pisotro

drinks

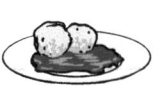

sakafo

food

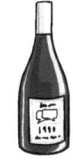

tavoahangy

bottle

fast food
....
fast food

sakafo an-dalambe
....
street food

fitoerana dite
....
teapot

fitoeran-tsiramamy
....
sugar bowl

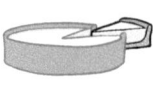

singany
....
portion

milina espresso
....
espresso machine

seza avo
....
high chair

faktiora
....
bill

lovia fandrosoana sakafo
....
tray

antsy
....
knife

sotrorovitra
....
fork

sotro
....
spoon

sotrokely
....
teaspoon

servieta
....
serviette

vera
....
glass

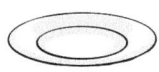

vilia

plate

vilian-dasopy

soup plate

vilia bory

saucer

saosy

sauce

fitoeran-tsira

salt pot

milina dipoavatra

pepper mill

vinaingitra

vinegar

solika

oil

zava-manitra

spices

ketchup

ketchup

voan-tsinapy

mustard

maionezy

mayonnaise

supermarché
supermarket

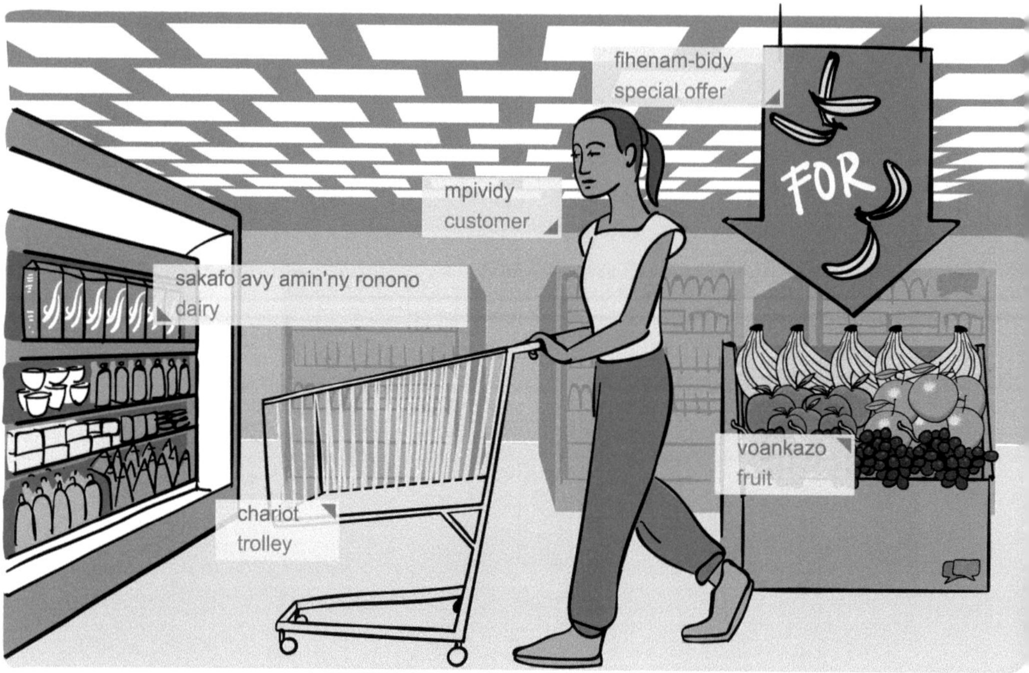
fihenam-bidy
special offer
FOR
mpividy
customer
sakafo avy amin'ny ronono
dairy
voankazo
fruit
chariot
trolley

BUTCHERS

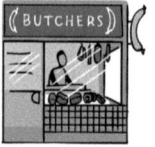

mpivaro-kena

butcher´s

BAKERY

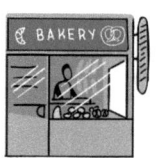

mpivarotra mofo

baker´s

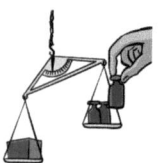

mandanja

weigh

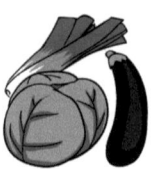

legioma

vegetables

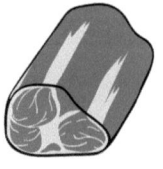

hena

meat

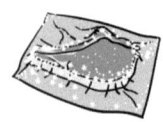

sakafo nampangatsiahana

frozen food

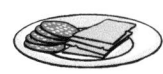

hena voahendy

cold meat

sakafo am-by fotsy

tinned food

vovon-tsavony

washing powder

vatomamy

sweets

fitaovana an-tokatrano

household products

fitaovana fanadiovana

cleaning products

mpivarotra

salesperson

toerana fandoavam-bola

till

mpandray vola

cashier

lisitry ny zavatra vidiana

shopping list

ora fiasana

opening hours

portefeuille

wallet

fahana amin'ny karatra

credit card

harona

bag

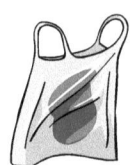

harona plastika

plastic bag

rano

water

ranom-boankazo

juice

ronono

milk

coca

coke

divay

wine

labiera

beer

toaka

alcohol

sôkôlà mafana

cocoa

dite

tea

kafe

coffee

espresso

espresso

cappuccino

cappuccino

akondro

banana

paoma

apple

laoranjy

orange

voatango

melon

voasarimakirana

lemon

karaoty

carrot

tongolo gasy

garlic

volobe

bamboo

tongolo

onion

holatra

mushroom

voamaina

nuts

paty

noodles

spaghetti

spaghetti

vary

rice

salady

salad

ovy frity

chips

ovy voaendy

fried potatoes

pizza

pizza

hamburger

hamburger

sandwich

sandwich

didin-kena

cutlet

lambo sira

ham

salami

salami

saosisy

sausage

akoho

chicken

hena mendy

roast

trondro

fish

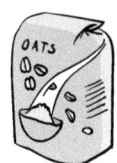

varin-tsoavaly

porridge oats

muesli

muesli

cornflakes

cornflakes

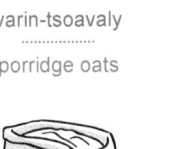

lafarinina

flour

croissant

croissant

mofodipaina kely

bread roll

mofo

bread

mofo natono

toast

bisky

biscuits

dobera

butter

fromazy fotsy

curd

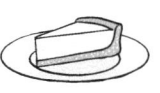

mofomamy

cake

atody

egg

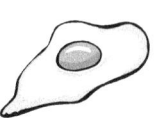

atody nendasina

fried egg

fromazy

cheese

lagilasy

ice cream

siramamy

sugar

tantely

honey

kaonfitira

jam

crème nougat

chocolate spread

curry

curry

toeram-pambolena

farm

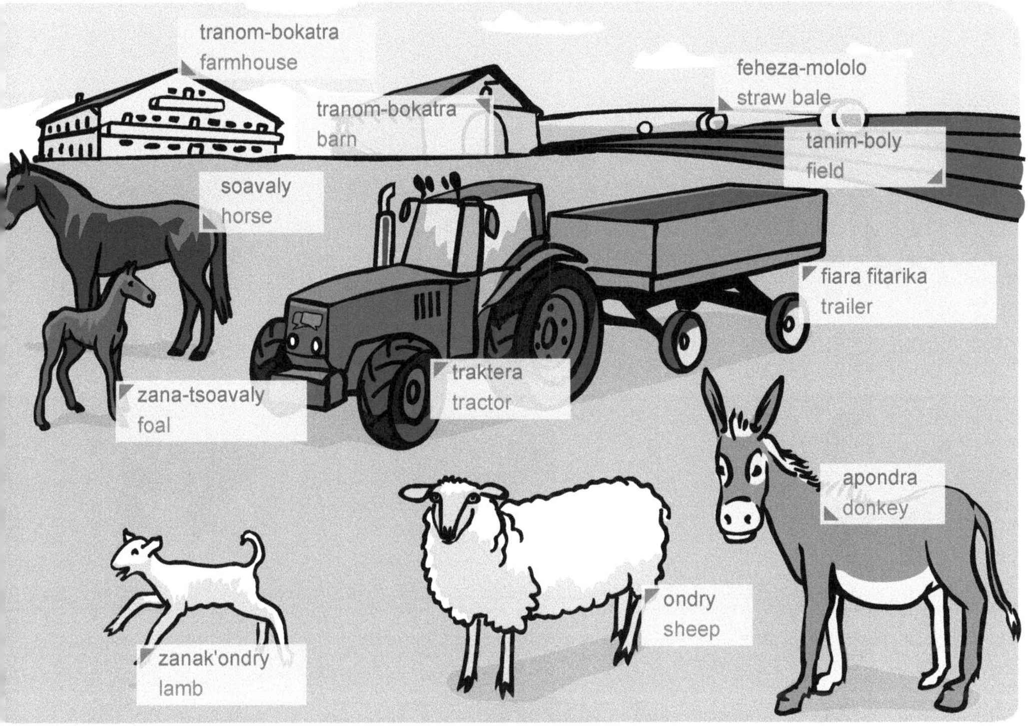
tranom-bokatra
farmhouse
tranom-bokatra
barn
feheza-mololo
straw bale
tanim-boly
field
soavaly
horse
fiara fitarika
trailer
traktera
tractor
zana-tsoavaly
foal
apondra
donkey
ondry
sheep
zanak'ondry
lamb

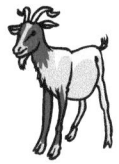

osy

goat

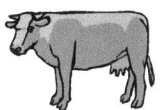

omby vavy

cow

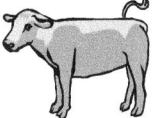

omby

calf

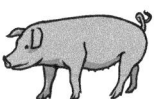

kisoa

pig

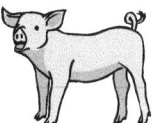

zana-kisoa

piglet

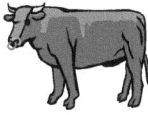

omby

bull

gisa

goose

gana

duck

zanak'akoho

chick

akoho vavy

hen

akoho lahy

cock

voalavo

rat

saka

cat

voalavo tondro

mouse

omby

ox

alika

dog

tranon'alika

doghouse

fantsona fanondrahana rano

garden hose

fanondrahana

watering can

antsy biloka

scythe

angadin'omby

plough

antsim-bilona

sickle

antsetra

hoe

farango vy

pitchfork

famaky

axe

borety

wheelbarrow

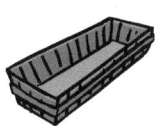

dababe

trough

boatin-dronono

milk can

harona

sack

fefy

fence

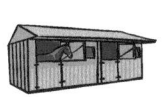

tranom-biby

stable

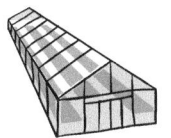

talatalan-jaridaina

greenhouse

tany

soil

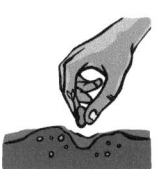

ambeoka

seed

zezika

fertilizer

milina mpijinja vokatra

combine harvester

vokatra

harvest

vokatra

harvest

saonjo

yams

varimbazaha

wheat

saozaha

soy

ovy

potato

katsaka

corn

colza

rapeseed

hazo fihinam-boa

fruit tree

mangahazo

cassava

voamadinika

cereals

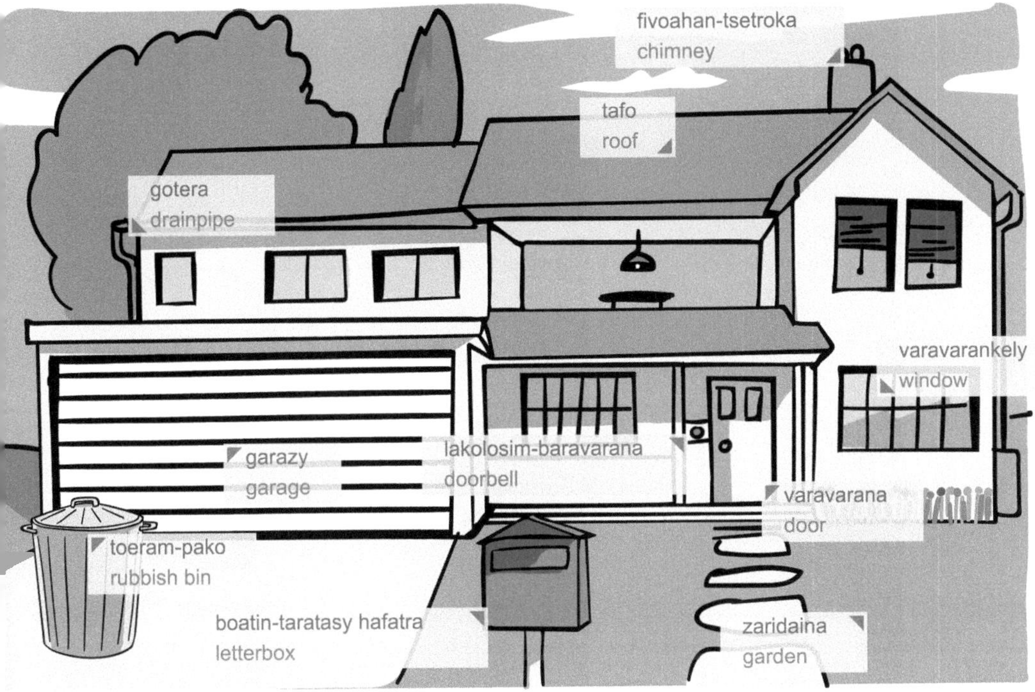

fivoahan-tsetroka
chimney

tafo
roof

gotera
drainpipe

varavarankely
window

garazy
garage

lakolosim-baravarana
doorbell

varavarana
door

toeram-pako
rubbish bin

boatin-taratasy hafatra
letterbox

zaridaina
garden

efitra fandraisam-bahiny

living room

efitra fandroana

bathroom

lakozia

kitchen

efitra fatoriana

bedroom

efitranon'ny ankizy

child's room

efi-trano fisakafoanana

dining room

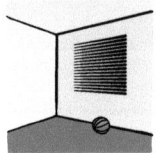

tany
floor

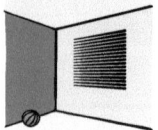

rindrina
wall

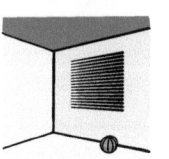

valindrihana
ceiling

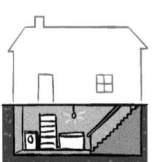

lakavy
cellar

sauna
sauna

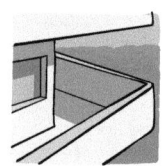

tsimahalavo
balcony

lavarangana
terrace

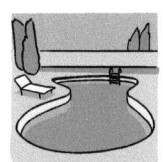

dobo filomanosana
pool

mpanapaka bozaka
lawn mower

lambam-pandriana
sheet

koety
bedspread

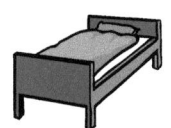

fandriana
bed

kifafa
broom

sô
bucket

interrupteur
switch

efitra fandraisam-bahiny

living room

sary apetaka
wallpaper
sary
picture
lampy
lamp
talantalana
shelf
lalimoara
cupboard
fahitalavitra
television
anjorinafo
fireplace
voninkazo
flower
lafika
cushion
sofà
sofa
vazy
vase
telekaomandy
remote control

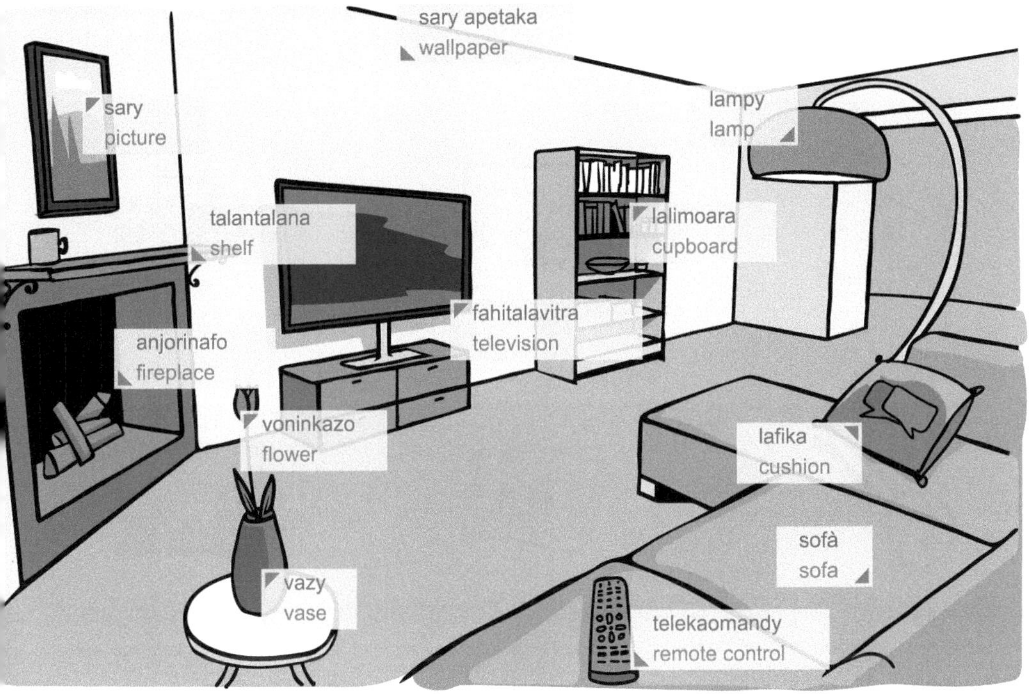

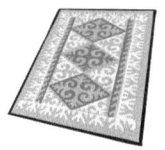

tapis

carpet

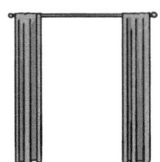

takom-baravarana

curtain

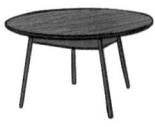

latabatra

table

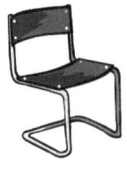

seza

chair

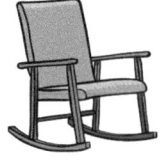

seza savily

rocking chair

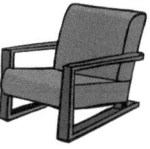

seza mihaja

armchair

boky

book

lamba firakotra

blanket

asa fandravahana

decoration

hazo fandrehitra

firewood

horonantsary

film

fitaovana hi-fi

hi-fi equipment

fanalahidy

key

gazety

newspaper

loko

painting

sary famantarana

poster

radio

radio

kahie fanao tadidy

notepad

aspiratera

hoover

raketa

cactus

labozia

candle

lakozia
kitchen

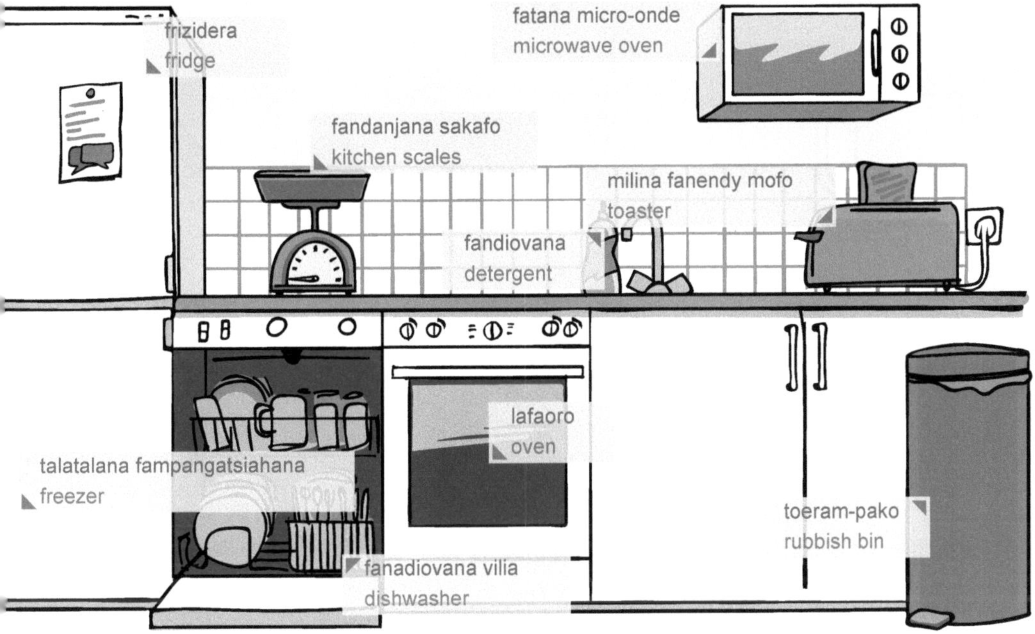
frizidera
fridge
fatana micro-onde
microwave oven
fandanjana sakafo
kitchen scales
milina fanendy mofo
toaster
fandiovana
detergent
lafaoro
oven
talatalana fampangatsiahana
freezer
toeram-pako
rubbish bin
fanadiovana vilia
dishwasher

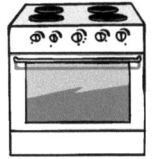

lafaoro

cooker

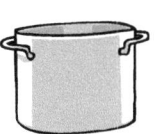

vilany

pot

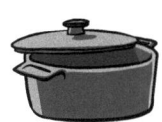

vilany vy

cast-iron pot

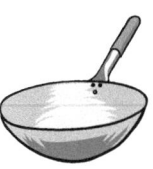

wok / kadai

wok / kadai

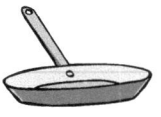

lapoaly

pan

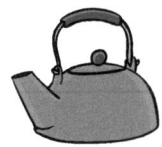

fitaovana fampangotrahana rano

kettle

vilany mandeha entona

steamer

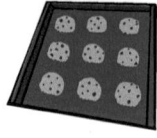

lovia fisaka

baking tray

fitaovan-dakozia

crockery

zinga

mug

vilia baolina

bowl

hazokely fihinanana

chopsticks

sotrobe lavatango

ladle

spatule

spatula

fanakapohana atody

whisk

fanatantavanana

strainer

lovia sivana

sieve

fanakikisana

grater

laona

mortar

kiendiendy

barbecue

fivoahan'ny setroka

open fire

akalana fitetehana

chopping board

kodia fandamàna koba

rolling pin

fisontonana bosoa

corkscrew

boaty

can

fanokafana boaty

can opener

fitazomana vilany

pot holder

lavabô

sink

borosy

brush

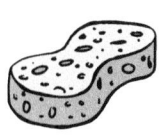

spaonjy

sponge

miksera

blender

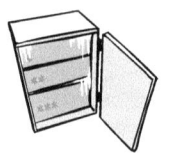

fitaovana fampangatsiahana

deep freezer

tavoahanginono

baby bottle

paompy

tap

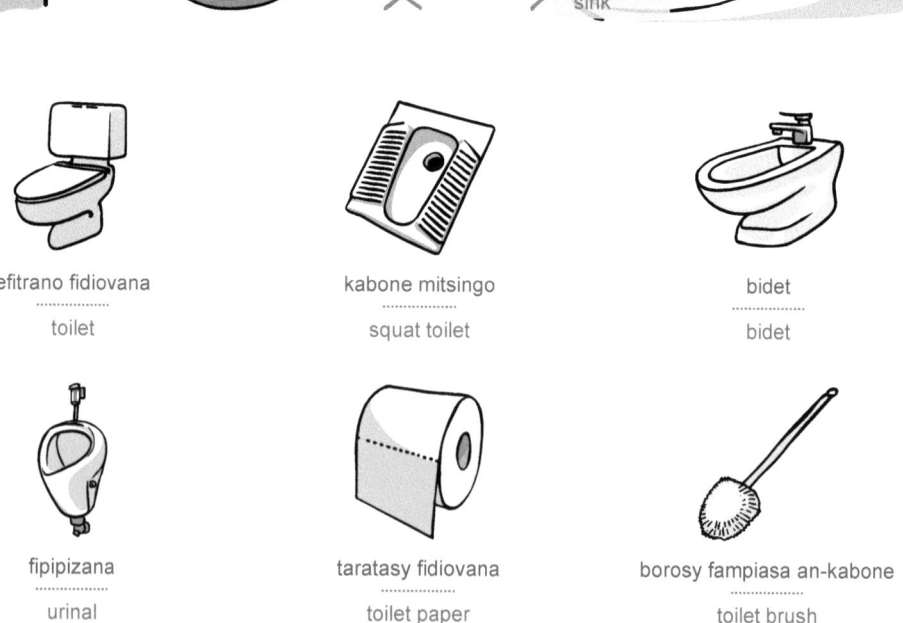

efitra fandroana

bathroom

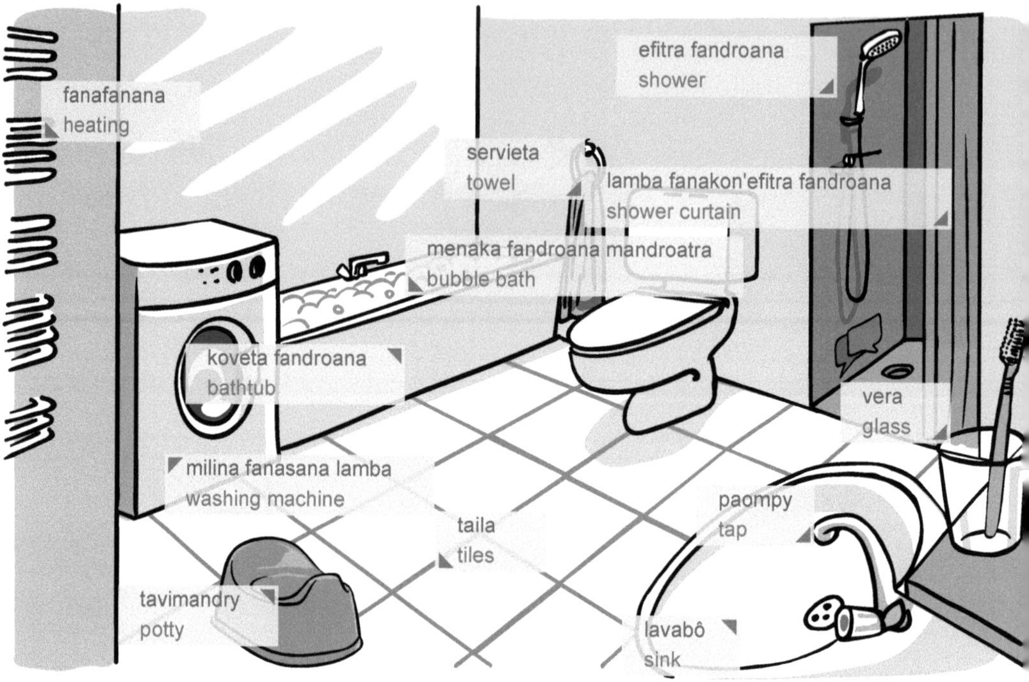

fanafanana
heating
servieta
towel
efitra fandroana
shower
lamba fanakon'efitra fandroana
shower curtain
menaka fandroana mandroatra
bubble bath
koveta fandroana
bathtub
vera
glass
milina fanasana lamba
washing machine
paompy
tap
taila
tiles
tavimandry
potty
lavabô
sink

efitrano fidiovana

toilet

kabone mitsingo

squat toilet

bidet

bidet

fipipizana

urinal

taratasy fidiovana

toilet paper

borosy fampiasa an-kabone

toilet brush

borosinify

toothbrush

famotsia-nify

toothpaste

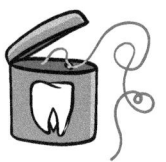

kofehy fanadiova-nify

dental floss

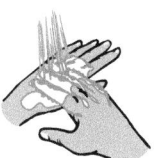

manasa

wash

fisaika enti-tànana

handheld shower

fanadiovana fivaviana

douche

kovetabe

basin

borosin-damosina

back brush

savony

soap

gel fampiasa rehefa misaika

shower gel

shampoo

shampoo

fonon-tànana enti-misaika

flannel

tsiranoka

drain

crème fanosotra

cream

fanalana fofona

deodorant

fitaratra

mirror

fitaratra fihaingo

hand mirror

hareza

razor

raotra fiharatra

shaving foam

menaka haratra

aftershave

fiogo

comb

borosy

brush

fitaovana fanamainam-bolo

hair dryer

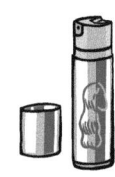

atsifotra amin'ny volo

hairspray

fikarakarana tarehy

makeup

lokomena

lipstick

haingo hoho

nail varnish

vohavohan-dandihazo

cotton wool

fanapahana hoho

nail scissors

ranomanitra

perfume

fitoerana fitaovana an-kabone
....
washbag

sezabory
....
stool

fandanjana olona
....
weighing scale

akanjo enti-matory
....
bathrobe

fonon-tànana enti-manadio
....
rubber gloves

servieta fanary
....
tampon

lamba fampiasa amin'ny fadimbolana
....
sanitary towel

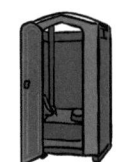

kabone simika
....
chemical toilet

efitranon'ny ankizy

child's room

famohamandry
alarm clock
saribakoly
cuddly toy
fiara kilalao
toy car
korintsana
rattle
tranon-tsaribakoly
doll's house
fanomezana
present

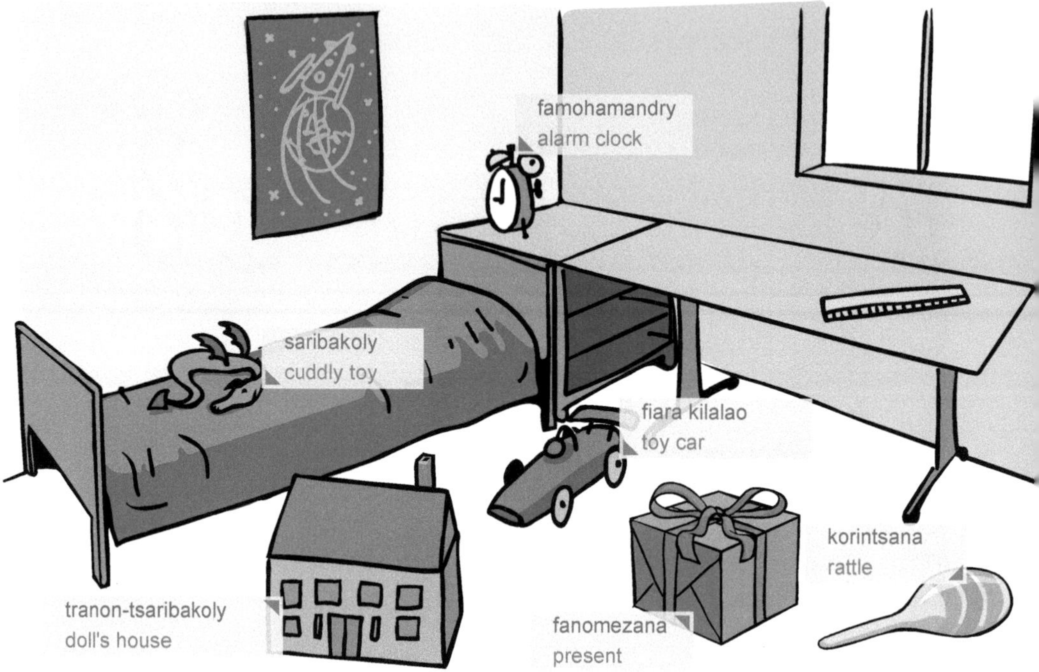

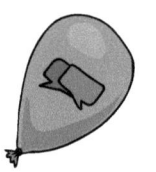

balaonina

balloon

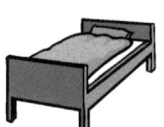

fandriana

bed

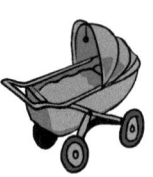

posety

pram

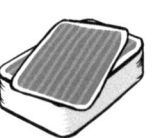

lalao karatra

deck of cards

puzzle

jigsaw

SUPER
MEGA

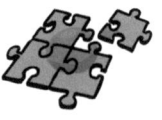

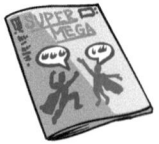

sariitatra

comic

lalao legô

lego bricks

kilalao fananganana trano

building blocks

sarivongana kely

action figure

grenera

babygrow

Frisbee

frisbee

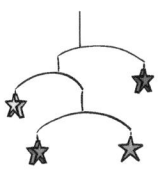

mobile

mobile

jeu de société

board game

kodiakely

dice

lamasinina kely

model train set

solonono

dummy

fety

party

boky feno sary

picture book

baolina

ball

saribakoly

doll

milalao

play

kovetam-pasika

sandpit

savily

swing

kilalao

toys

kilalao video

video game console

tricycle

tricycle

teddy orsa

teddy bear

fitoeran'akanjo

wardrobe

akanjo

clothing

bà kiraro

socks

bàn-tongotra

stockings

akanjo manara-batana

tights

foloara
scarf

fehin-kibo
belt

elo
umbrella

t-shirt
t-shirt

baoty
boots

kiraro tenisy
trainers

kapa fitondra an-trano
slippers

kapa
sandals

kiraro
shoes

baoty fingotra
rubber boots

atinakanjo
underpants

tatinono
bra

akanjo feno
vest

vatana

body

pataloha

trousers

jean

jeans

zipo

skirt

akanjo ambony

blouse

lobaka

shirt

pull

pullover

akanjo sarotro

hoodie

palitao

blazer

palitao

jacket

palitao

coat

akanjo aro-orana

raincoat

akanjo fianjaika

costume

fitafim-behivavy

dress

akanjon'ny ampakarina

wedding dress

akanjo fianjaika

suit

akanjo-mandry

nightgown

pijamà

pyjamas

sari

sari

sarondoha

headscarf

turban

turban

burqa

burqa

kaftan

kaftan

abaya

abaya

akanjo fitondra milomano

swimsuit

akanjo fitondra milomano

trunks

pataloha fohy

shorts

akanjo fitena

tracksuit

tablie

apron

fonon-tànana

gloves

bokotra

button

solomaso

glasses

brasele

bracelet

rojo

necklace

peratra

ring

kavina

earring

satroka

cap

fanantonana palitao

coat hanger

satroka

hat

fehivozo

tie

hidikorisa

zip

aroloha

helmet

beritelo

braces

fanamian'ny mpianatra

school uniform

fanamiana

uniform

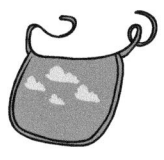

bavoara

bib

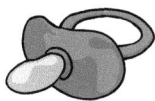

solonono

dummy

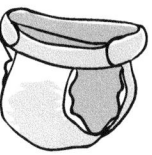

taty

nappy

birao
office

serveur
server
lalimoara fitahirizana
filing cabinet
mpanao pirinty
printer
efijoro
monitor
taratasy
paper
latabatra
desk
voalavo tondro
mouse
klasera
folder
klavie
keyboard
fanariana fako taratasy
waste-paper basket
solosaina
computer
seza
chair

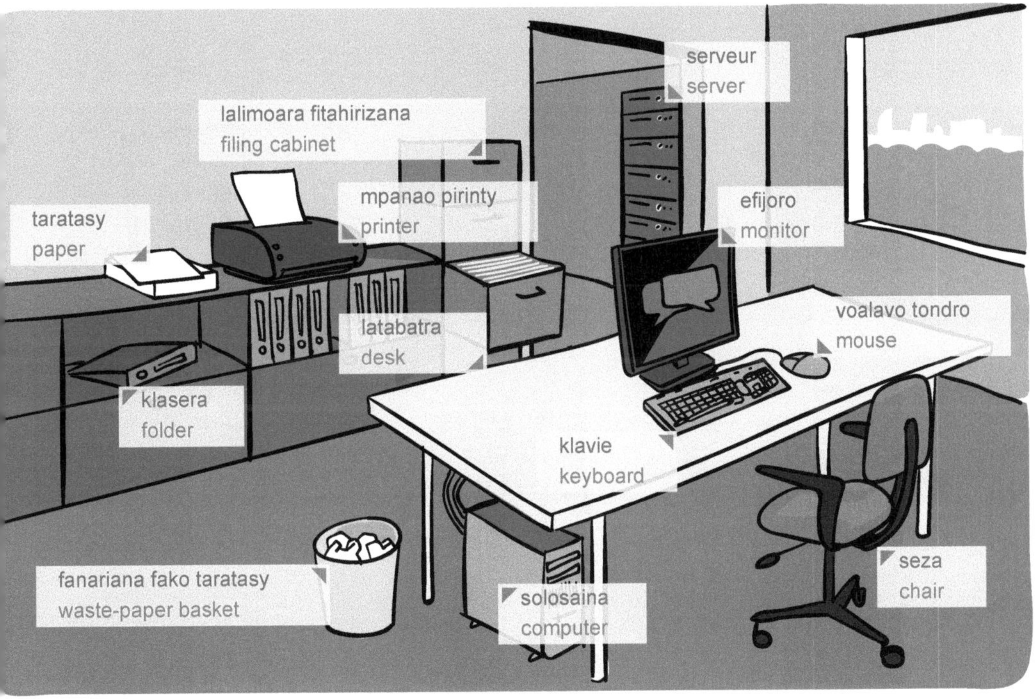

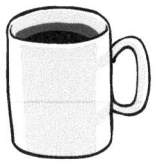

kaopin-kafe

coffee mug

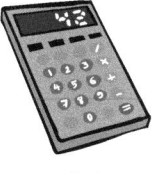

mpikajy

calculator

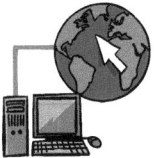

aterineto

internet

solosaina maivana

laptop

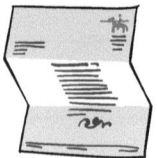

taratasy

letter

hafatra

message

mobile

mobile

tambajotra

network

imprimante

photocopier

rindrambaiko

software

finday

telephone

prizy

plug socket

fax

fax machine

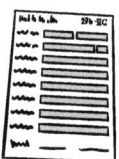

efitra fenoina

form

fehezan-taratasy

document

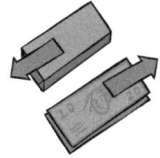

mividy

buy

mandoa vola

pay

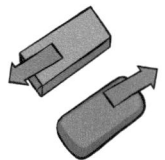

misera

trade

vola

money

 **USD**

dôlara

dollar

 **EUR**

euro

euro

 **JPY**

yen

yen

 **RUB**

rouble

rouble

 **CHF**

Franc suisse

Swiss franc

 **CNY**

renminbi yuan

renminbi yuan

 **INR**

roupie

rupee

fangalàna vola

cashpoint

toerana fanakalozana vola

bureau de change

volamena

gold

volafotsy

silver

solika

oil

angovo

energy

vidiny

price

fifanekena

contract

hetra

tax

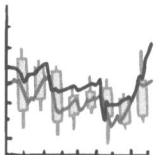

action borsa

stock

miasa

work

mpiasa

employee

mpampiasa

employer

orinasa

factory

fivarotana

shop

asa
occupations

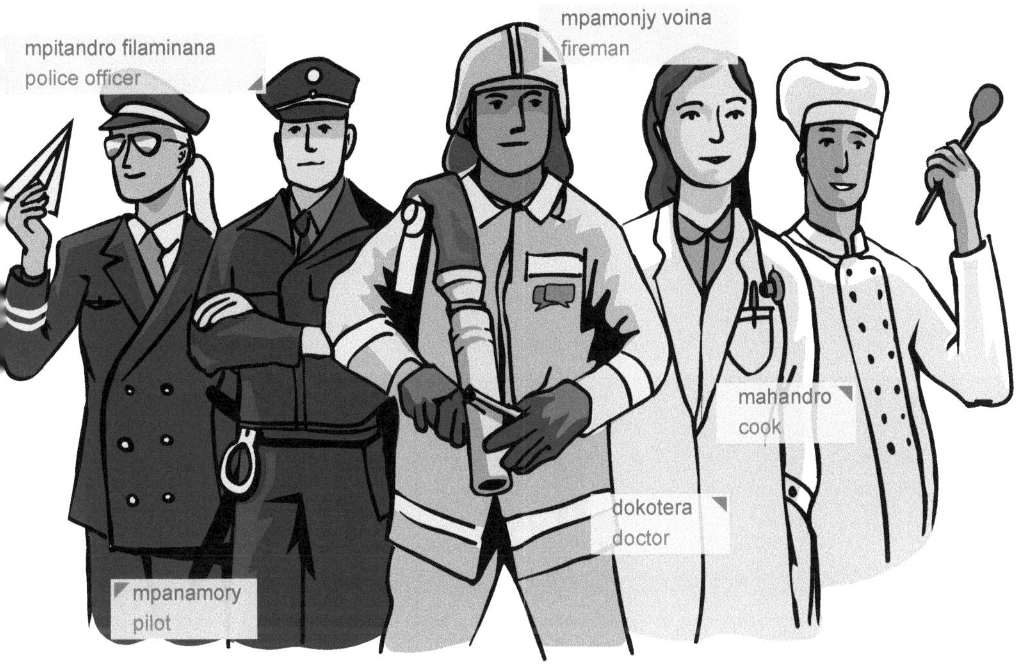
mpitandro filaminana
police officer
mpamonjy voina
fireman
mahandro
cook
dokotera
doctor
mpanamory
pilot

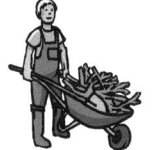

mpikarakara zaridaina

gardener

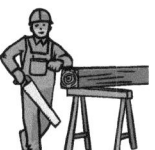

mpandrafitra

carpenter

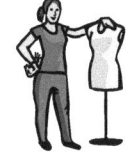

vehivavy mpanjaitra

seamstress

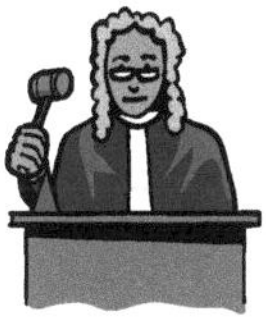

mpitsara

judge

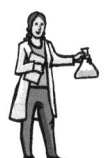

mpahay simia

chemist

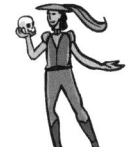

mpilalao sarimihetsika

actor

mpamily fiara fitateram-
bahoaka

bus driver

mpamily fiarakaretsaka

taxi driver

mpanjono

fisherman

vehivavy mpanadio

cleaning lady

mpanao tafo

roofer

mpandroso sakafo

waiter

mpihaza

hunter

mpandoko

painter

mpanao mofo

baker

elektrisianina

electrician

mpanao trano

builder

injeniera

engineer

mivaro-kena

butcher

plombier

plumber

faktera

postman

miaramila

soldier

mpanao mari-trano

architect

mpandray vola

cashier

mpivarotra voninkazo

florist

mpanao volo

hairdresser

mpizara tapakila

conductor

mpahay mekanika

mechanic

kapiteny

captain

mpitsabo nify

dentist

siantifika

scientist

raby

rabbi

imam

imam

moanina

monk

pretra

clergyman

fitaovana
tools

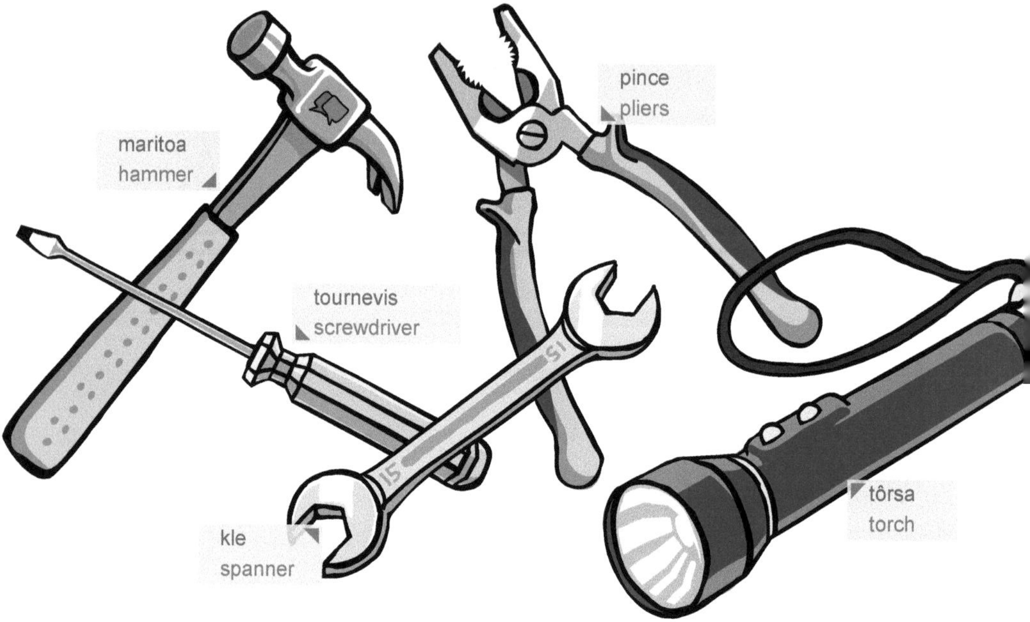

maritoa
hammer
pince
pliers
tournevis
screwdriver
kle
spanner
tôrsa
torch

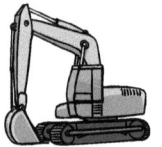

pelleteuse

digger

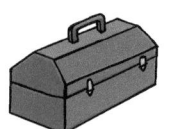

boaty fanisy fitaovana

toolbox

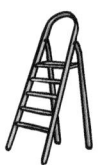

tohatra

ladder

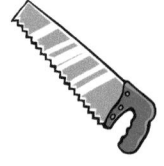

tsofa

saw

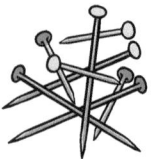

fantsika

nails

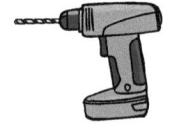

perceuse

drill

manarina
....
repair

lapela
....
shovel

Kyy!
....
Damn!

angadim-pako
....
dustpan

boatin-doko
....
paint pot

visy
....
screws

zava-maneno
musical instruments

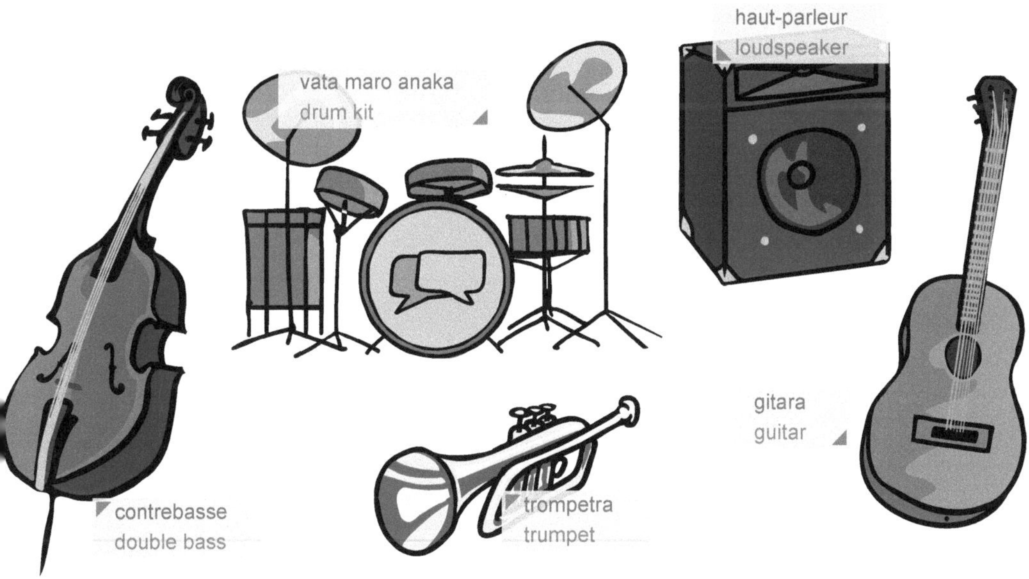

vata maro anaka
drum kit

haut-parleur
loudspeaker

gitara
guitar

contrebasse
double bass

trompetra
trumpet

vata maro afitsoka

piano

lokanga

violin

basse

bass

amponga timpani

timpani

aponga

drums

klavie

keyboard

saksa

saxophone

sodina

flute

mikrao

microphone

valan-javaboary

zoo

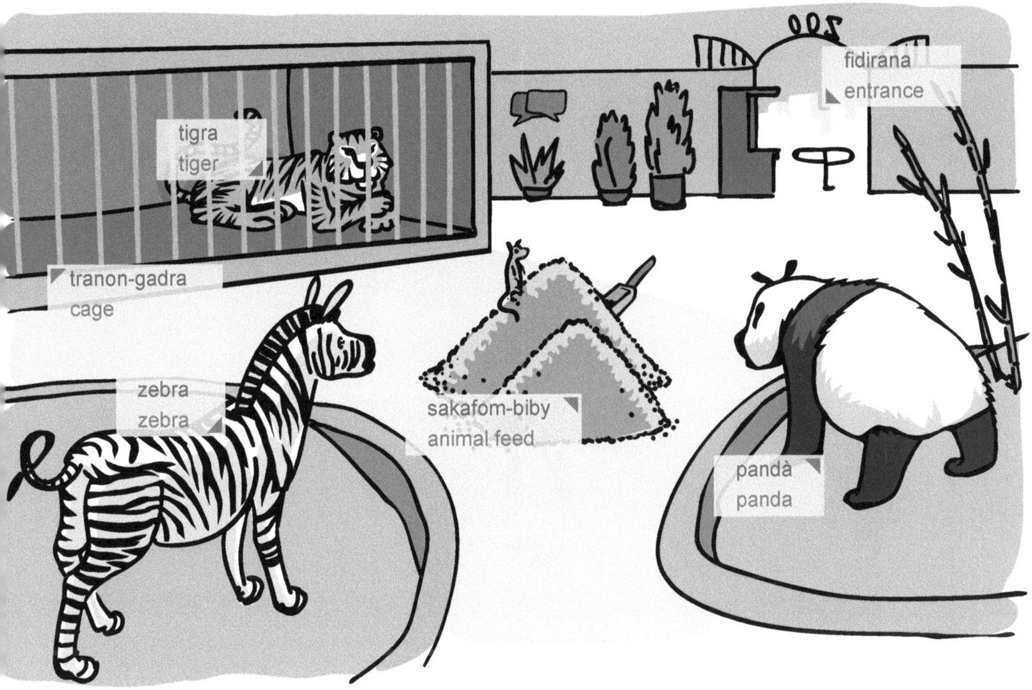

fidirana
entrance
tigra
tiger
tranon-gadra
cage
zebra
zebra
sakafom-biby
animal feed
pandà
panda

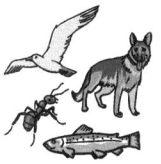

biby

animals

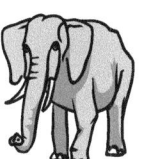

elefanta

elephant

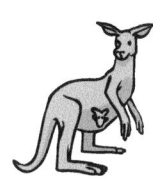

kangoroa

kangaroo

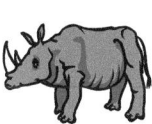

rinôserôsy

rhino

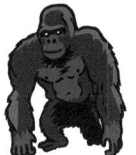

gôrila

gorilla

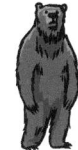

orsa

bear

rameva

camel

aotrisy

ostrich

liona

lion

rajako

monkey

sama

flamingo

boloky

parrot

orsa polera

polar bear

pengoa

penguin

atsantsa

shark

vorombola

peacock

bibilava

snake

voay

crocodile

mpiandry valan-javaboary

zookeeper

fôko

seal

jagoara

jaguar

poney

pony

leopara

leopard

hipôpôtamo

hippo

zirafa

giraffe

voromahery

eagle

lambo

boar

trondro

fish

sokatra

turtle

môrsa

walrus

renard

fox

gazely

gazelle

Football amerikana
American football

hazakazaka am-bisikileta
cycling

tennis
tennis

baskety
basketball

lomano
swimming

boxe
boxing

hockey an-dranomandry
ice hockey

baolina kitra
football

badminton
badminton

atletisma
athletics

handball
handball

ski
skiing

polo
polo

raharaha
activities

itsambikina
mp
mamihina
hug
mihomehy
laugh
mandeha
walk
mihira
sing
manonofy
dream
mivavaka
pray
manoroka
kiss

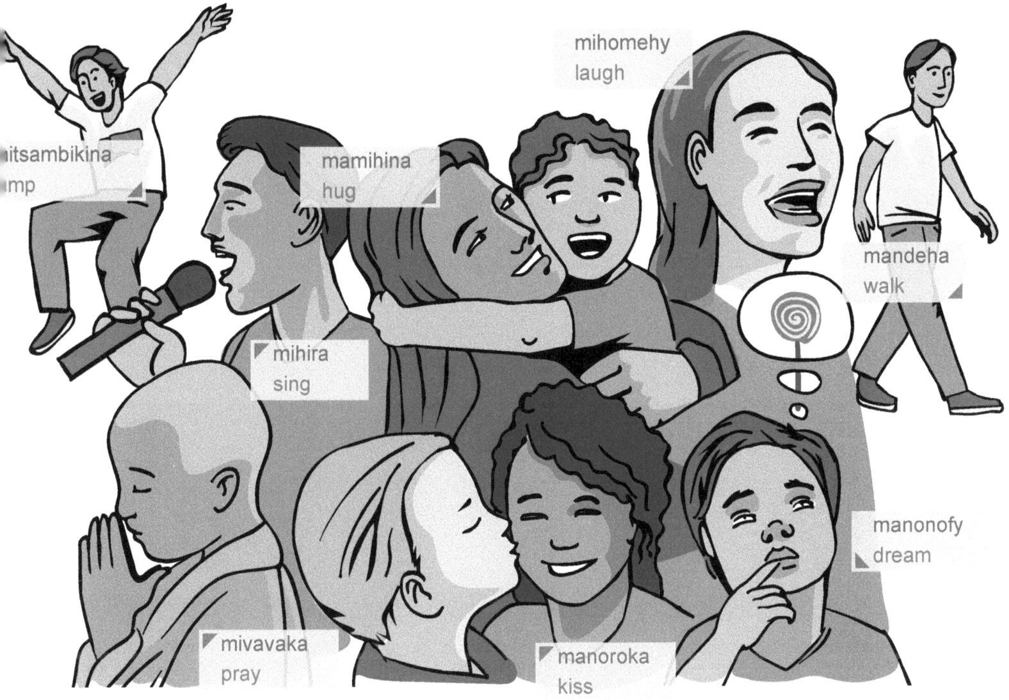

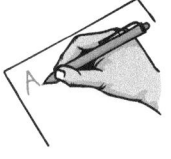

manoratra

write

manao sary

draw

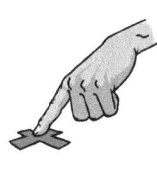

maneho

show

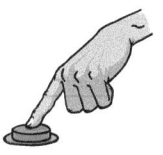

manosika

push

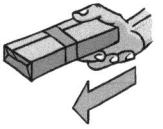

manome

give

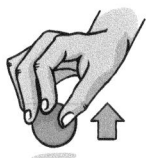

mandray

take

manana

have

manao

do

mizovy

be

mijoro

stand

mihazakazaka

run

misintona

pull

manary

throw

lavo

fall

mandry

lie

miandry

wait

mitondra

carry

mipetraka

sit

miakanjo

get dressed

matory

sleep

mifoha

wake up

mijery

look at

mitomany

cry

fahatapahan'ny lalan-dra

stroke

fiogo

comb

miresaka

talk

mahay

understand

milaza

ask

mihaino

listen

misotro

drink

mihinana

eat

mandamina

tidy up

mitia

love

mahandro

cook

mamily

drive

lalitra

fly

miandriaka

sail

mikajy

calculate

mamaky

read

mianatra

learn

miasa

work

mivady

marry

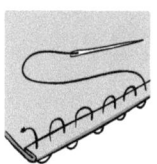

manjaitra

sew

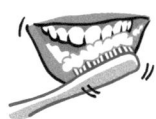

miborosy nify

brush teeth

mamono

kill

mifoka

smoke

mandefa

send

fianakaviana
family

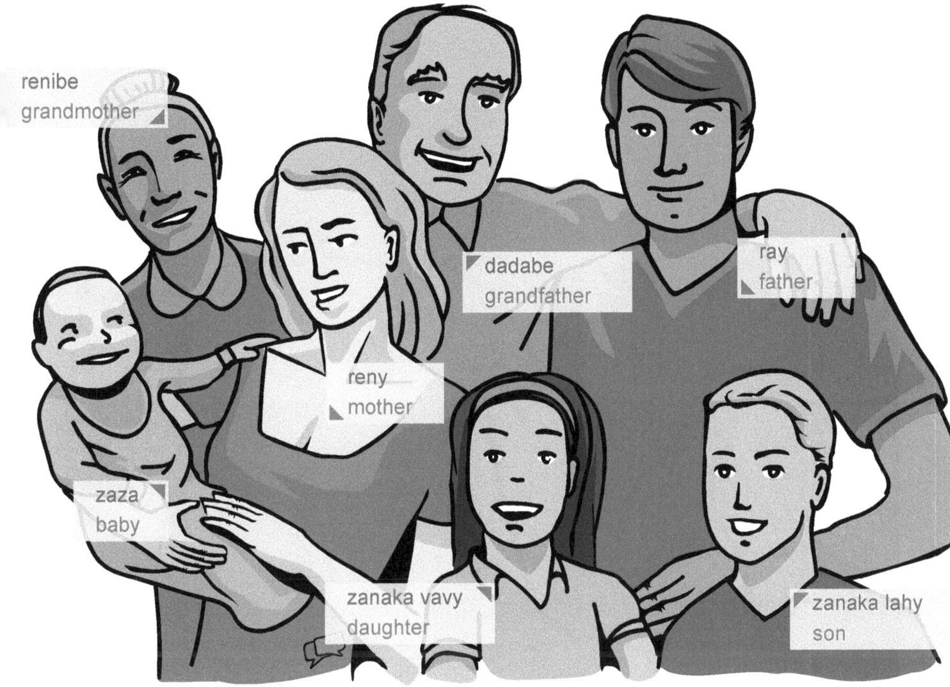
renibe
grandmother
dadabe
grandfather
ray
father
reny
mother
zaza
baby
zanaka vavy
daughter
zanaka lahy
son

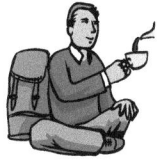

vahiny

guest

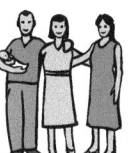

nenitoa

aunt

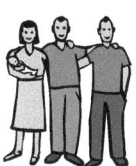

dadatoa

uncle

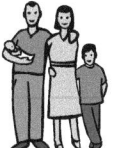

rahalahy

brother

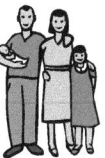

rahavavy

sister

vatana

body

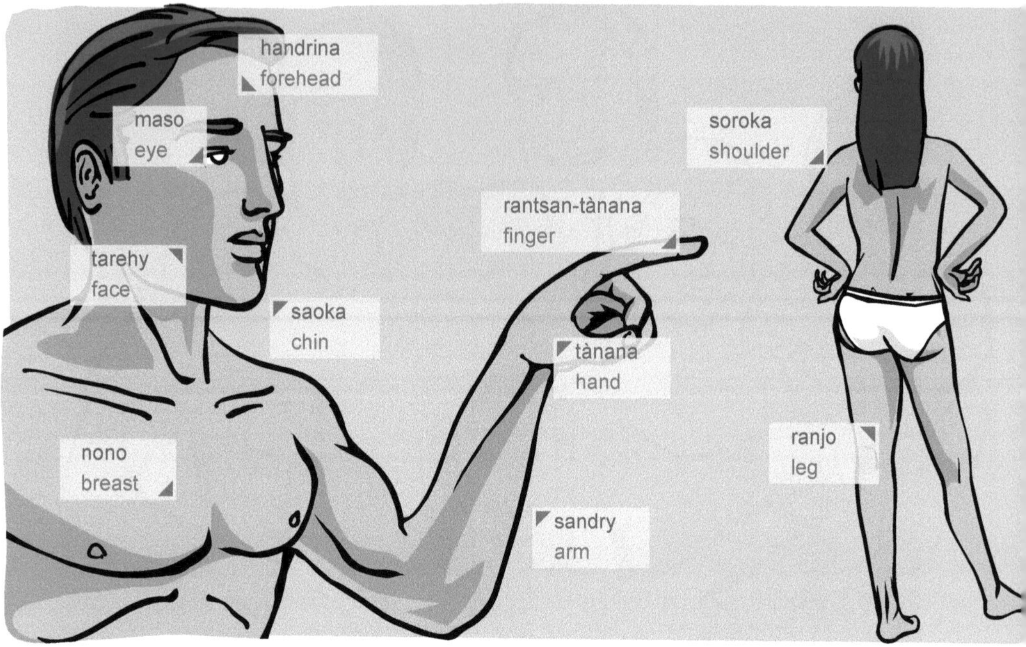

handrina
forehead
maso
eye
tarehy
face
saoka
chin
rantsan-tànana
finger
tànana
hand
soroka
shoulder
ranjo
leg
nono
breast
sandry
arm

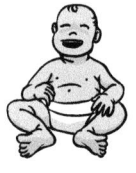

zaza
baby

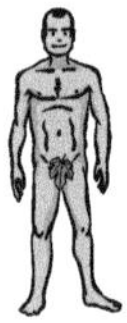

lehilahy
man

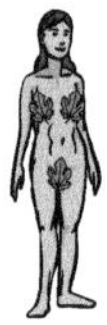

vehivavy
woman

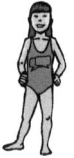

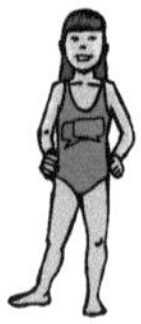

vavy
girl

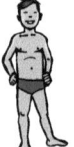

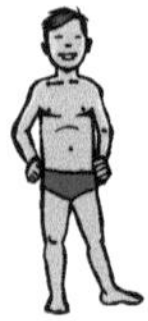

lahy
boy

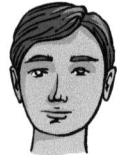

loha
head

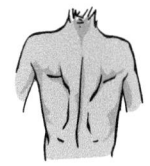

lamosina

back

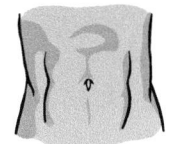

kibo

belly

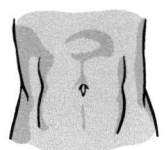

foitra

belly button

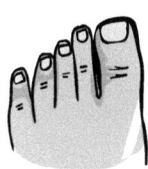

rantsan-tongotra

toe

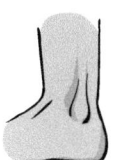

voditongotra

heel

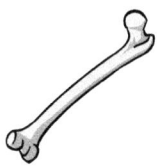

taolana

bone

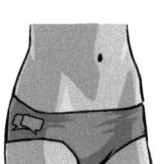

valahana

hip

lohalika

knee

kiho

elbow

orona

nose

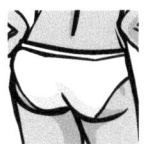

vody

bottom

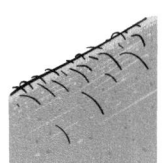

hoditra

skin

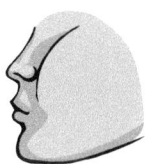

takolaka

cheek

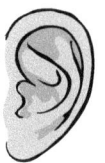

sofina

ear

molotra

lip

vava

mouth

nify

tooth

lela

tongue

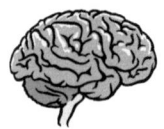

saina

brain

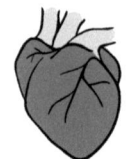

fo

heart

ozatra

muscle

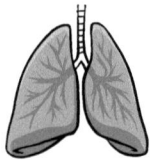

havokavoka

lung

aty

liver

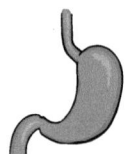

vavony

stomach

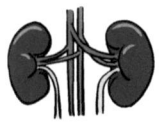

voa

kidneys

firaisana ara-nofo

sex

fimailo

condom

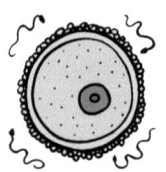

tsirivavy

ovum

ranonaina

semen

vohoka

pregnancy

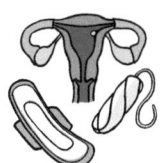

fadimbolana

menstruation

fivaviana

vagina

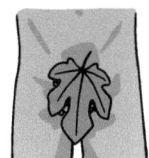

filahiana

penis

volomaso

eyebrow

volo

hair

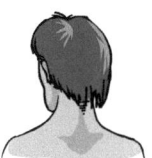

tenda

neck

hopitaly
hospital

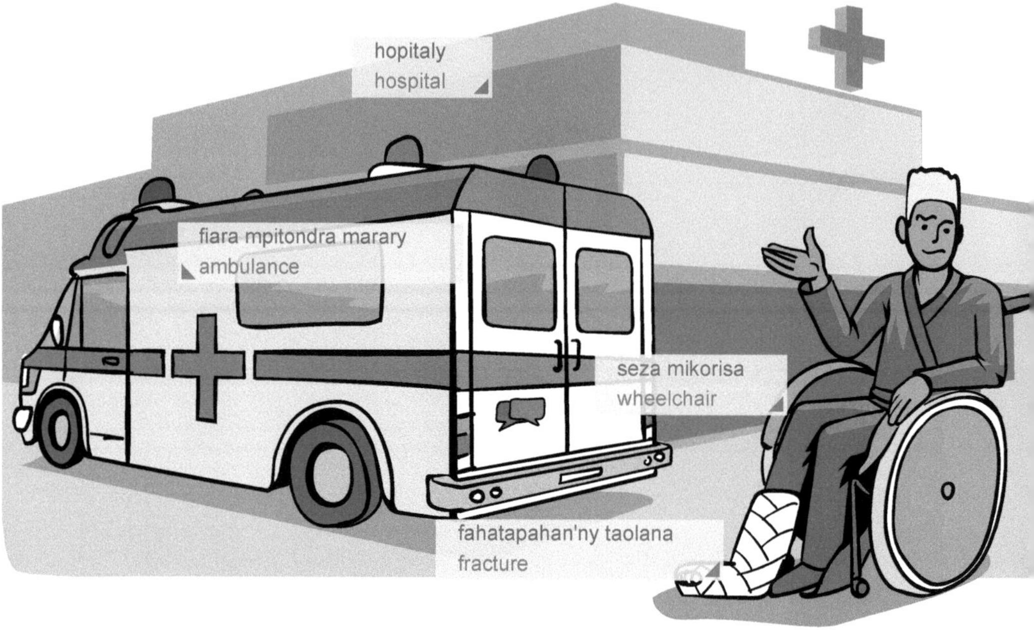

hopitaly
hospital
fiara mpitondra marary
ambulance
seza mikorisa
wheelchair
fahatapahan'ny taolana
fracture

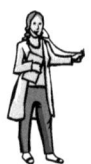

dokotera

doctor

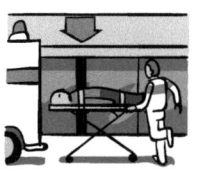

efitra vonjy taitra

emergency room

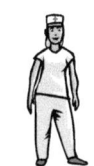

mpitsabo mpanampy

nurse

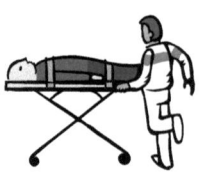

vonjy taitra

emergency

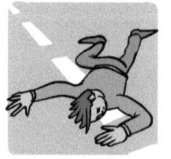

tsy mahatsiaro tena

unconscious

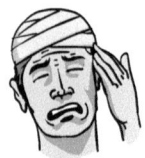

fanaintainana

pain

faharatràna

injury

mandeha rà

bleeding

aretim-po

heart attack

fahatapahan'ny lalan-dra

stroke

tsy fahazakana sakafo

allergy

kohaka

cough

tazo

fever

gripa

flu

fivalanana

diarrhoea

aretin'an-doha

headache

homamiadana

cancer

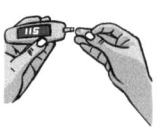

diabeta

diabetes

dokotera mpandidy

surgeon

antsy fandidiana

scalpel

fandidiana

operation

TC
CT

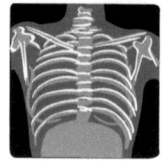

taratra X
x-ray

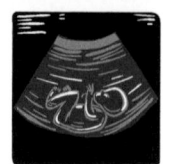

ekôgrafia
ultrasound

saron-tava
face mask

aretina
disease

efitrano fiandrasana
waiting room

tehina
crutch

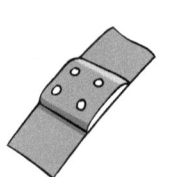

taha fery
plaster

bandy
bandage

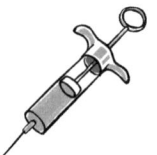

tsindrona
injection

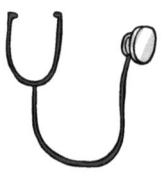

stetoskopy
stethoscope

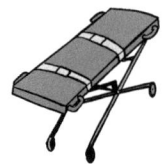

filanjana marary
stretcher

fitaovana fitsapana
hafanana
clinical thermometer

fahaterahana
birth

hatavezana tafahoatra
overweight

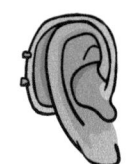

fitaovana fandrenesana

hearing aid

famonoana mikraoba

disinfectant

fifindràna aretina

infection

viriosy

virus

VIH / SIDA

HIV / AIDS

fitsaboana

medicine

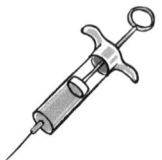

vaksiny

vaccination

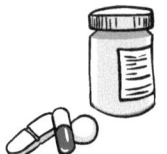

pilina

tablets

pilina

pill

antso vonjy taitra

emergency call

fitaovana fitsapana tosi-drà

blood pressure monitor

marary / salama

ill / healthy

Vonjeo!

Help!

antso fanairana

alarm

herisetra

assault

vono

attack

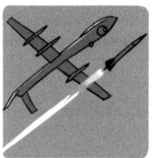

loza

danger

fivoahana raha misy loza

emergency exit

Afo!

Fire!

fitaovam-pamonoana afo

fire extinguisher

loza

accident

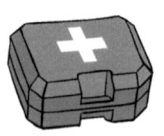

fitaovam-pitsaboana
vonjimaika

first-aid kit

SOS

SOS

pôlisy

police

Eoropa

Europe

Amerika avaratra

North America

Amerika atsimo

South America

Afrika

Africa

Azia

Asia

Aostralia

Australia

Atlantika

Atlantic

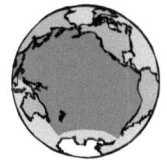

Pasifika

Pacific

Ranomasimbe Indiana

Indian Ocean

Oseana Antarktika

Antarctic Ocean

Oseana Arktika

Arctic Ocean

Tendrotany avaratra

North Pole

Tendrotany atsimo

South Pole

Antarktika

Antarctica

tany

Earth

tany

land

ranomasina

sea

nosy

island

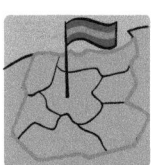

tanindrazana

nation

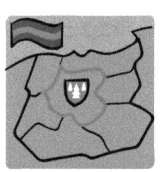

firenena

state

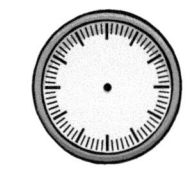

tavam-pamantaranandro

clock face

tondro ora

hour hand

tondro minitra

minute hand

tondro segondra

second hand

Amin'ny firy izao?

What time is it?

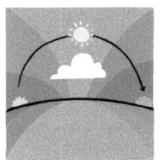

andro

day

fotoana

time

izao

now

famantaranandro niomerika

digital watch

minitra

minute

ora

hour

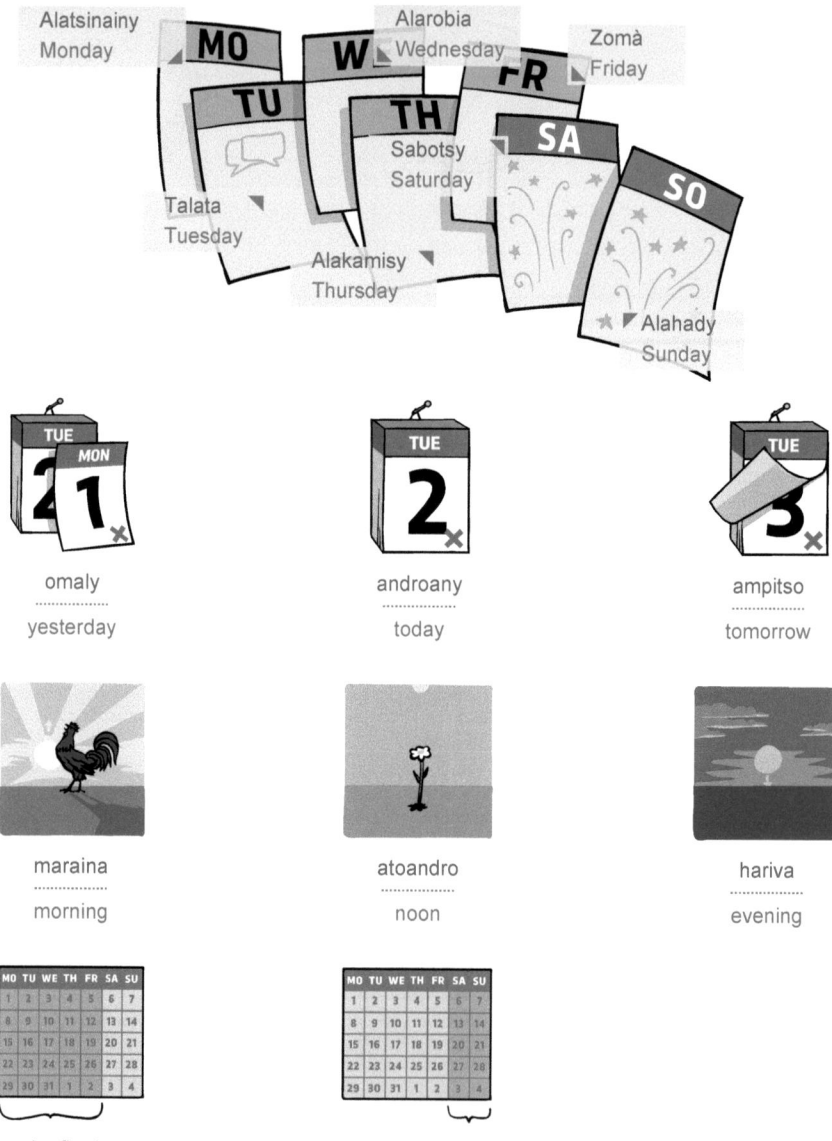

Alatsinainy
Monday

Alarobia
Wednesday

Zomà
Friday

Talata
Tuesday

Sabotsy
Saturday

Alakamisy
Thursday

Alahady
Sunday

omaly
yesterday

androany
today

ampitso
tomorrow

maraina
morning

atoandro
noon

hariva
evening

adro fiasàna
business days

faran'ny herinandro
weekend

orana
rain

avana
rainbow

ranomandry
snow

rivotra
wind

lohataona
spring

fararano
autumn

vanin-taona maina
summer

ririnina
winter

4.APRIL	11°	☀
5.APRIL	4°	☔
6.APRIL	13°	☂
7.APRIL	8°	❄
8.APRIL	10°	☀

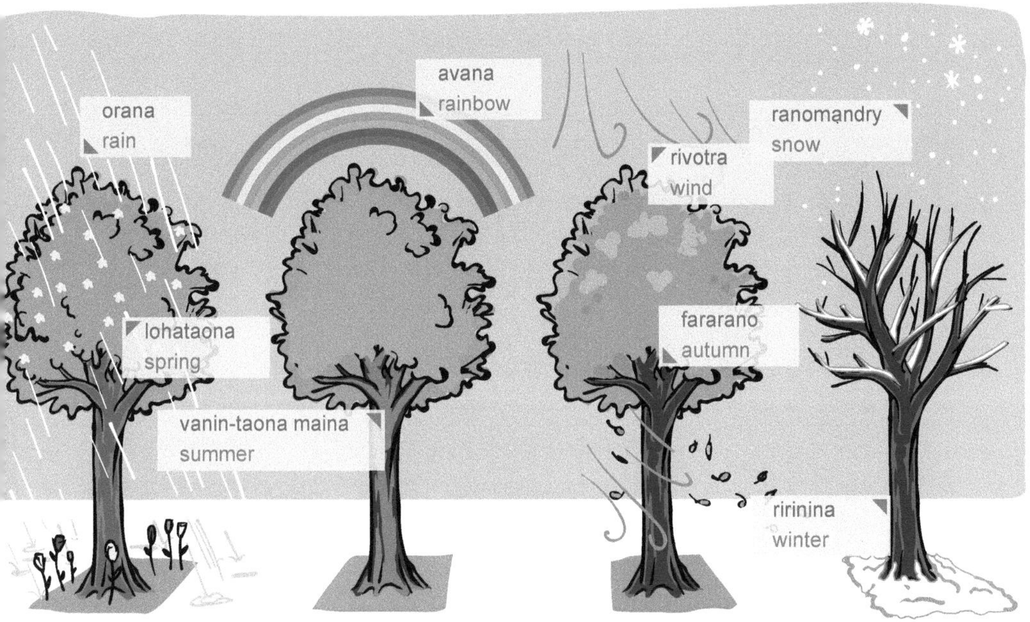

vinavina ara-toetrandro

weather forecast

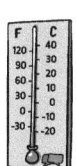

thermomètre

thermometer

tara-masoandro

sunshine

rahona

cloud

zavona

fog

hamandoana

humidity

tselatra

lightning

kotroka

thunder

tafio-drivotra

storm

havandra

hail

fahavaratra

monsoon

tondra-drano

flood

vaingan-drano

ice

Janoary

January

Febroary

February

Martsa

March

Avrila

April

Mey

May

Jiona

June

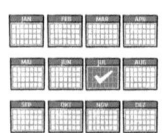

Jolay

July

Aogositra

August

Septambra
....
September

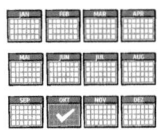

Oktobra
....
October

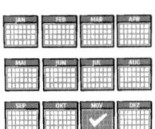

Novambra
....
November

Desambra
....
December

boribory
....
circle

efamira
....
square

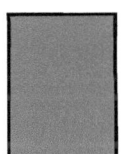

efajoro
....
rectangle

telozoro
....
triangle

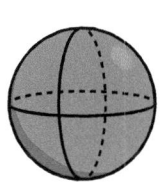

bola
....
sphere

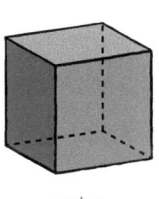

goba
....
cube

fotsy
....

white

mavo
....

yellow

laoranjy
....

orange

mavokely
....

pink

mena
....

red

voloparasy
....

purple

manga
....

blue

maitso
....

green

volotany
....

brown

volondavenona
....

grey

mainty
....

black

betsaka / vitsy

a lot / a little

tezitra / tony

angry / calm

tsara / ratsy

beautiful / ugly

fiandohana / fiafarana

beginning / end

lehibe / kely

big / small

mazava / maloka

bright / dark

rahalahy / rahavavy

brother / sister

madio / maloto

clean / dirty

feno / banga

complete / incomplete

andro / alina

day / night

maty / velona

dead / alive

malalaka / tery

wide / narrow

azo hanina / tsy fihinana

edible / inedible

tsivalahara / tsara fanahy

evil / kind

endratra / sorena

excited / bored

matavy / mahia

fat / thin

voalohany / farany

first / last

mpinamana / mpifahavalo

friend / enemy

feno / foana

full / empty

mafy / malefaka

hard / soft

mavesatra / maivana

heavy / light

noana / mangetaheta

hunger / thirst

marary / salama

ill / healthy

tsy ara-dalàna / ara-dalàna

illegal / legal

mahay / vendrana

intelligent / stupid

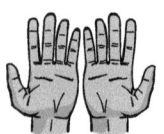

havia / havanana

left / right

akaiky / lavitra

near / far

vaovao / tranainy

new / used

tsy misy / misy

nothing / something

antitra / tanora

old / young

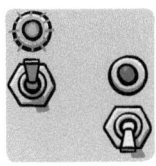

mandeha / maty

on / off

mivoha / mihidy

open / closed

mangina / mitabataba

quiet / loud

manankarena / mahantra

rich / poor

marina / diso

right / wrong

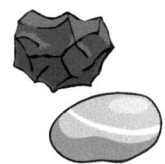

marokoroko / malama

rough / smooth

malahelo / faly

sad / happy

fohy / lava

short / long

mora / faingana

slow / fast

mando / maina

wet / dry

mafana / mangatsiaka

warm / cool

ady / fahalemana

war / peace

0

aotra

zero

1

iray

one

2

roa

two

3

telo

three

4

efatra

four

5

dimy

five

6

enina

six

7

fito

seven

8

valo

eight

9

sivy

nine

10

folo

ten

11

iraikambinifolo

eleven

12

roambinifolo

twelve

13

teloambinifolo

thirteen

14

efatrambinifolo

fourteen

15

dimiambinifolo

fifteen

16

eninambinifolo

sixteen

17

fitoambinifolo

seventeen

18

valoambinifolo

eighteen

19

siviambinifolo

nineteen

20

roapolo

twenty

100

zato

hundred

1.000

arivo

thousand

1.000.000

tapitrisa

million

Anglisy

English

Anglisy amerikana

American English

Fiteny sinoa mandarina

Chinese Mandarin

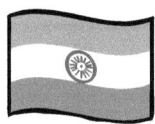

Hindi

Hindi

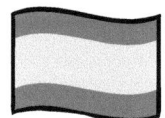

Espaniola

Spanish

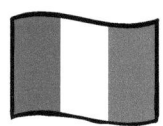

Frantsay

French

Fiteny arabo

Arabic

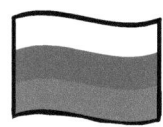

Fiteny rosiana

Russian

Portogey

Portuguese

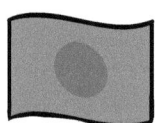

Bengaly

Bengali

Alemà

German

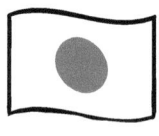

Japoney

Japanese

izaho

I

ianao

you

izy / io

he / she / it

isika

we

ianao

you

zareo

they

iza?

who?

inona?

what?

ahoana?

how?

aiza?

where?

oviana?

when?

anarana

name

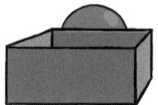

aorina

behind

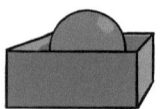

anaty

in

anoloana

in front of

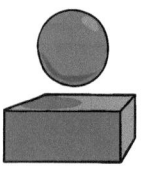

any

over

ambony

on

ambany

under

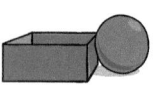

ankila

beside

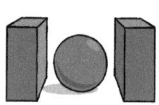

afovoany

between

toerana

place